Edition Schott

Alte Meisterweisen für junge Cellisten

Compositions de maîtres anciens pour les jeunes violoncellistes

Melodies by Old Masters for Young Cellists

für Violoncello und Klavier
pour Violoncelle et Piano
for Violoncello and Piano

Herausgegeben von / Edité par / Edited by
Eugen Rapp

Heft 1 / Volume 1

ED 2384
ISMN 979-0-001-03718-1

Band 2 / Volume 2
ED 5533

www.schott-music.com

Mainz · London · Berlin · Madrid · New York · Paris · Prague · Tokyo · Toronto

INDEX I

INDEX II

Largo affettuoso

Arcangelo Corelli
1653~1713

Theatermusik

Johann Christoph Pepusch
1667–1752

Allegro non troppo

Loure

Pierre de Paepen*⁾
ca 1669–1733

*) Organist an St. Pierre zu Löwen bis 1727

Gavotta

Georg Philipp Telemann
1681–1767

Con grazia

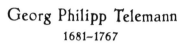

Zwei Sarabanden

I

Jean Philippe Rameau
1683~1764

II

D. C. Sarabande I

Gavotte

Georg Friedrich Händel
1685~1759

Alte Meisterweisen für junge Cellisten

Compositions de maîtres anciens pour les jeunes violoncellistes

Melodies by Old Masters for Young Cellists

für Violoncello und Klavier
pour Violoncelle et Piano
for Violoncello and Piano

Herausgegeben von / Edité par / Edited by
Eugen Rapp

Heft 1 / Volume 1

ED 2384
ISMN 979-0-001-03718-1

Band 2 / Volume 2
ED 5533

Violoncello

www.schott-music.com

Mainz · London · Berlin · Madrid · New York · Paris · Prague · Tokyo · Toronto
© 1935 SCHOTT MUSIC GmbH & Co. KG, Mainz · © renewed 1963 · Printed in Germany

Largo affettuoso

Arcangelo Corelli
1653 ~ 1713

Theatermusik

Johann Christoph Pepusch
1667 ~ 1752

Loure

Pierre de Paepen*)
ca. 1669 - 1753

*) Organist an St. Pierre zu Löwen bis 1727

Gavotta

Georg Philipp Telemann
1681~1767

Zwei Sarabanden

I

Jean Philippe Rameau
1683~1764

II

D. C. Sarabande I

5

Gavotte

Mouvement d'une Sérénade

6

Allegretto grazioso

John Stanley
1713 - 1786

Nicht zu langsam

Tempo di Menuetto

James Hook
1746 - 1827

Bagatelle

Wolfgang Amadeus Mozart
1756~1791

Un Ballo

Daniel Steibelt
1765~1823

Walzer

Carl Maria von Weber
1786~1826

Mouvement d'une Sérénade

Giuseppe Sammartini
ca 1693 - 1740 (1770 ?)

D.C. al Fine senza repetizione

Allegretto grazioso

John Stanley
1713-1786

Nicht zu langsam

(2da volta pizz.)

Tempo di Menuetto

James Hook
1746-1827

Bagatelle

Wolfgang Amadeus Mozart
1756~1791

Tempo moderato

Un Ballo

Daniel Steibelt
1765-1823

Walzer

Carl Maria von Weber
1786–1826

TRIO

D. C. al Fine senza repetizione